CW01150060

tredition®
www.tredition.de

Tim Boltz

REIME & GEDICHTE

tredition®

www.tredition.de

© 2020 Tim Boltz

Verlag und Druck: tredition GmbH, Halenreie 40-44, 22359 Hamburg

ISBN
Paperback: 978-3-347-18534-0
Hardcover: 978-3-347-18535-7
e-Book: 978-3-347-18536-4

Das Werk, einschließlich seiner Teile, ist urheberrechtlich geschützt. Jede Verwertung ist ohne Zustimmung des Verlages und des Autors unzulässig. Dies gilt insbesondere für die elektronische oder sonstige Vervielfältigung, Übersetzung, Verbreitung und öffentliche Zugänglichmachung.

TIM BOLTZ
Reime & Gedichte

INHALT

SPRICHWORTE

Morgenstund' hat Gold im Mund

Der frühe Vogel fängt den Wurm

Wer andern eine Grube gräbt, fällt selbst hinein

Hunde die Bellen, beißen nicht

TIERE

Der Dackel

Aasfresser

Der Holzwurm

Ein Schimmel stand am Straßenrand

Der Specht

AUF TOUR

Kassel, Hannover, Hemmingen, Celle,

Bremerhaven, Cuxhaven, Sylt, Flensburg,

Pirna, Fulda, Butzbach, Köln, Uckermark

REISEN

Reisen

Der Zypriot

Der Kapitän

Der Koffer-Hoffer

Wellengang

Noah

DEUTSCHLAND

Bedenken

Bürokratie

Sagrotan

Das deutsche Känguru

JAHRESZEITEN

Frühling

Sommer

Herbst

Winter

SCHICKSALE

Herr Schmidt (Reden ist Silber, Schweigen ist Gold)

Hildegard

Verkettung unglücklicher Umstände

Wikipeter

Klerus

Hodenlose Frechheit

Matt der Igel

Der Geist ist willig, doch das Fleisch ist zart

LIEBE & EHE

Selbstliebe

Ehe

Ausgelatscht

Ehe man

Die Hochzeitsnacht

Steuervorteil

Hafen der Ehe

Der schönste Tag des Lebens

WEIHNACHTEN

Wunschzettel

Der Schokoweihnachtsmann »Rolli-Rolf«

Die Erleuchtung

Heißa, es ist Weihnachtszeit

Rudolphs rote Nase

Santa und die Energiewende

Weihnachtszeit

ZU GUTER LETZT

Der Stöpsel

SPRICHWORTE

MORGENSTUND HAT GOLD IM MUND

Ich suchte in meinem Rachenraum
nach Gold, fast jeden Tag.
Doch fand ich Gold im Rachen kaum
- nur Plaque und Zahnbelag.

DER FRÜHE VOGEL FÄNGT DEN WURM

Der frühe Vogel fängt den Wurm,
soweit die alte These.
Doch erst die zweite Maus am Tag
bekommt den ganzen Käse.

WER ANDERN EINE GRUBE GRÄBT, FÄLLT SELBST HINEIN

Ein Spruch, dazu ein platter,

mit wenig Grips und Sinn.

Denn gräbt man als Bestatter,

liegt oft ein andrer drin.

HUNDE DIE BELLEN, BEIßEN NICHT

Im Selbstversuch getestet,
ein Dobermann und ich.
Ich kann euch jetzt versichern,
das Sprichwort stimmt so nicht.

TIERE

DER DACKEL

Ganz ohne Furcht und Rumgewackel
bewegt sich nur der deutsche Dackel.
Ein Mops der röchelt früh bis spät,
wenn er nur ein paar Schritte geht.

Und selbst dem Windhund hängt die Zunge
nach ein paar Metern aus der Lunge.

Beim Labrador, und auch Jack Russel
hört man alsbald die Lungen rasseln.
Nur einer reckt den Kopf empor:
Ein Dackel läuft nicht, er rückt vor!
Bewegt geschmeidig sich und schlau
tief unten im Kaninchenbau.

Der deutsche Dackel ist kein Hund
er ist ein Freund im Untergrund.
Er ist, das will ich hier nun sagen,
ein Kamerad im Schützengraben.

AASFRESSER

Dem Geier schlug das ganze Aas
schwer auf den Magen, das er fraß.
So nahm er fortan Medizin
– zweimal am Tag ne Aaspirin.

DER HOLZWURM

Zur Weihnacht gönnt der
Holzwurmmanne
zum Fest sich eine
Nordmanntanne.
Die Holzwurmfrau, bekommt vom Gatten,
hingegen nur zwei Press-Span-Platten.

EIN SCHIMMEL STAND AM STRAßENRAND

Ein Schimmel stand am Straßenrand
den Kopf und Huf in 'nem Verband.
Gestern wars, da wollt er gern
die Straße überqueren.

Doch sah er weder links noch rechts -
das war nicht schlau, das weiß er jetzt.
Nun steht er da mit Gipsbein, Krücken
und Reifenspuren auf dem Rücken.

Und so entstand, durch dieses Pferde,
das erste Zebra auf der Erde.

DER SPECHT

Dem Specht, dem Specht,
dem wird ganz schlecht,
wenn er beim Hämmern leicht bekifft,
versehentlich ein Kabel trifft.

AUF TOUR

Zu jedem Auftritt auf Tour ein Vierzeiler

KASSEL

Um hier zu Leben braucht man Mut,
gibt wenig schöne Sachen.
Doch Kasselaner sind ganz gut,
die können richtig lachen.

HANNOVER

Für Stimmung seid ihr nicht bekannt,
egal ob jung ob alt.
Es war wie euer flaches Land –
recht übersichtlich halt.

HEMMINGEN

Hemmingen, das ist nicht groß,
das liegt gleich bei Hannover.
Doch hier bei euch ist gut was los –
Hannover war da doofer.

CELLE

Dass ihr euch hier mit C stets schreibt,
so wie der Alice Cooper,
sei euch gegönnt, wenn ihr so bleibt,
denn sonst seid ihr echt super.

BREMERHAVEN

Ne, das war nix, war echt nicht gut
bei euch in Bremerhaven.
Ne Stimmung wie ein alter Hut,
wir fühlten uns wie Sklaven.

CUXHAVEN

Cuxhaven sei ne schöne Stadt,
gar mancher sei zerflossen,
was diese Stadt zu bieten hat
– mir hat sich's nicht erschlossen.

SYLT

Die Insel Sylt ist wirklich toll,
da müsst ich wirklich lügen.
Nur ist der Zug halt immer voll,
drum fahr ich doch nach Rügen.

FLENSBURG

Die Stadt, die hab ich kaum gesehen –
erst Soundcheck und dann Schminken.
Doch eines muss ich eingestehen,
das Bier kann man gut trinken.

PIRNA

Zur Weihnachtszeit, so ist es Brauch,
singt man am Marktplatz Lieder.
Das Bett war schmal, die Gage auch,
doch ich komm gerne wieder.

FULDA

Hier lebt die Kirche, Bischofsstadt –
da denkt man zuerst wohl:
das wird heut nix, doch dann anstatt,
lebt hier der Rock n Roll!

BUTZBACH

Hier ist es schön, hier will man bauen,
welch' Bräuche, welche Sitten?!
Nur nette Männer, hübsche Frauen
mit wirklich schönen Händen.

KÖLN

Die Comedy habt ihr geboren
als andre noch tief schliefen.
Doch den Esprit habt ihr verloren,
seid ziemlich kleine Diven.

UCKERMARK

Uckermark, ach Uckermark,
du bist genauso trist wie karg.
Bist kein Baguette, bist zähes Brot,
wer hier nicht fort ist, ist längst tot.

Wärst du ein Kind im echten Leben
würd'st du zur Adoption gegeben.
Uckermark, du Uckermark,
ein Kind wie's nur 'ne Mutter mag.

Uckermark, ach Uckermark,
lebendig wie ein Eichensarg.
Nur nicht so edel doch umhin,
ist auch bei dir der Wurm längst drin.

Uckermark, ach Uckermark,
du bist ein grauer Wintertag.
Wärst du ein *Mobile-Telefon*,
hätt'st du nicht mal nen Klingelton.

Denn nur wer Tintendrucker mag,
der mag auch noch die Uckermark.

Nicht Up to Date, total veraltet,
gehörst du längst schon abgeschaltet.

Uckermark, du Auffangbecken
sozialer Unwucht, blanker Schrecken.
Liegst an der Oder, nicht am Main –
kannst nichts dafür, das sollt' so sein.

Hier wurd' die Depression erfunden,
im Tal der dunklen Lebensstunden.
Hier werden gar nach tristen Jahren
Geschwister oft zu Liebespaaren.

Dies alles gibt's an diesem Ort,
hier bleibt man nicht, hier geht man fort.
Doch wenn du denkst, oh Schreck, oh Graus,
sieht's anderswo nicht besser aus.

Es gibt noch was - wie du so trist,
wo alles noch viel schlimmer ist.
Wo Trübsal herrscht gar Tach um Tach,
es liegt am Main, heißt Offenbach.

REISEN

REISEN

Endlich, nach so schweren Jahren
konnten wir in Länder fahren
die so herrlich anders klingen
als Rödermark und Usingen.

Und so strömten die Germanen
über ihre Autobahnen
quer über den Kontinent
»Auf das uns bald ein jeder kennt.«

Und wir ließen diesmal eiderdaus
unsre Panzer gar zu Haus.

Es rollte auf den Autobahnen
nur der Verkehr in Karawanen.
Fröhlich, friedlich wie noch nie
nach Capri und nach Rimini.

Nach 14 Tagen Sonne, Strand
im Nacken mit nem Sonnenbrand,
ging die Fahrt wieder zurück,
nach Hause, in das kleine Glück.

Nach Rödermark und Usingen
und Städtchen die so ähnlich klingen.

Lud dann die Nachbarschaft
- bei Spießchen, Wein
auf ein Gläschen zu sich ein.
Zeigte stolz auf einer Wand
Dias aus dem fernen Land.

Ja, das war schön, ja, das war gut
Das tat der deutschen Seele gut.

Drum denkt dran auch
bei Spießchen, Wein:
Frieden kann was Schönes sein.

DER ZYPRIOT

Und dann sprach der sichtlich irritierte
Zypriot als er nach 10 stündigem Flug
in Peru überrascht aus dem Flugzeug stieg:

»Was ich hier bloß in Lima soll,
ich wollte doch nach Limassol.«

DER KAPITÄN

Der Kapitän von einem Schiff
hat Crew und Mannschaft stets im Griff.
Umschifft die Klippen leichter Hand
behände und sehr wortgewandt.

Die Uniform in blütenweiß -
ein toller Mann von Kopf bis Steiß.
Auf Brücke steht er, stolz und winkt,
er schaut so gut - wenn er nicht trinkt.

Denn wenn er doch zu viel genippt
und sich ein Korn ins Glas gekippt,
dann werden seine Worte schwer,
dann schaffts das Wort zum Mund nicht mehr.

Erst neulich wars, in Papenburg,
da zechte er die Nächte durch.

Am vierten Tag war Stapellauf,
da musste er zur Kanzel rauf
und eine Rede halten, frisch und frei -
na, das war mal ne Stotterei.

Er wünschte sich zur Crew gewandt:
»Ein Wasser Kiel mit breiter Hand.
Ne, Quatsch«, wurd er nun blasser,
»'nen breiten Kieler unter Wasser.«

Selbst diesen Spruch verhaute er
und trank `ne Flasche Schampus leer.
Die hing, mit rotgebundner Schlaufe,
an einem Seil dort für die Taufe.

Das war des Guten dann zuviel,
denn Schiff fahr`n ist kein Kinderspiel.
Nach noch drei Bier und Wodka sauer
kratze das Schiff die Hafenmauer.

»Die kriegt den Arsch hinten nicht rum,
das ist jetzt aber wirklich dumm.«

Er sprach vom Arsch des Schiffes zwar
und dennoch klang es sonderbar.

So flexte er mitsamt dem Heck
vom Kai die Poller oben weg.
»Naja, so ein paar Kratzer, Beulen,
da wird man doch wohl nicht gleich heulen.
Denn erst durch Narben hier und da
gewinnt man schließlich Charisma.«

Den Schaden wälzte nicht zu knapp
die Haftpflicht auf den Käpt`n ab.

Seither fährt er nun wieder trocken,
verarmt zwar, jedoch unerschrocken,
durch raue See, durch Gischt und Wellen,
zum Nordkap und den Dardanellen.

So wünsche ich auf uns'rer Fahrt,
nach guter alter Seemannsart,
von Helgoland bis hin zum Nil,
'ne Handbreit Wasser unterm Kiel.

KOFFER-HOFFER

Es stand an Land am Kofferband

ein Mann der keinen Koffer fand.

Er griff zu Roten, Grünen, Mint -

dass die auch all so ähnlich sind.

Und überhaupt war er jetzt blau,

doch anthrazit, vielleicht auch grau?

Ein Kofferband, das wärs gewesen,

das hatte er einmal gelesen.

Ein Kofferband im grellen Ton,

das sticht heraus von weitem schon.

Nur nutzt jetzt nichts, nun stand er dumm

und sah sich nach dem Koffer um.

»Da ist er ja, ich seh ihn schon –

war doch ein eher heller Ton.«

Er macht sich lang, er greift zum Band,
da schnappt sich eine andre Hand
den Koffer – he, das ist doch meiner!
Vielleicht auch nicht, der scheint doch kleiner.

Tobend mit hochrotem Kopfe
fuhr er sich durch den Schopfe.

»Wo ist der Koffer, wer ist schuldig?«,
wurd er nun langsam ungeduldig.
»Da geht man einmal auf ne Reise
schon ist er fort, das ist doch sch...ade!
Ich fliege oft, New York, Shanghai
und bislang war er stets dabei.«

So schaut er all die nächsten Stunden
den Koffern zu bei ihren Runden.
Dann stoppt das Band, verwaist und leer -
sein Koffer kam wohl heut nicht mehr.

Erbost und zornig weh oh weh,
hatte er ne Schnapsidee.

Er schlich zum Loch wo all die andren
Koffer in dem Loch verschwanden.
Und beugte tief sich langgestreckt
der Länge nach zu dem Gepäck.

Doch plötzlich rutscht, er gibt nicht acht,
sein Körper in den Kofferschacht.

Ein einziger Koffer kreist seither
kreiselnd in dem Kreisverkehr.
Und wartet kreiselnd auf dem Band
auf einen Mann der hier verschwand.

So merkt euch, hört nun diese Weise,
wenn ihr geht selbst auf große Reise:
Seid schlauer, reist zu diesem Zweck
am Besten nur mit Handgepäck!

WELLENGANG

Wenn sich des Nachts beim sanften Wiegen
der Magen hebt und senkt beim Liegen,
dann liegt dies oft, nicht nur allein,
am Wellengang, nein auch am Wein.

NOAH

Noah war, man hat's gecheckt,
zum   Glück   gelernter   Archetekt.

DEUTSCHLAND

BEDENKEN

Der Deutsche sorgt sich gern und viel,
man darfs ihm nicht verdenken,
denn hat der Deutsche nichts,
so hat er doch Bedenken.

BÜROKRATIE

Vom Kreissaal bis zum Friedhofsgarten,
Bürokraten, Bürokraten.

SAGROTAN

Der Deutsche mag es reinlich gern,
im Urlaub fern der Heimat.
Doch kann er wirklich peinlich werden,
wenn er kein Sagrotan hat.

DAS DEUTSCHE KÄNGURU

Der Deutsche Mann, es ist ein Graus,
sticht modisch aus der Masse raus.
Er trägt auf seinen Beinen
gern viertellanges Leinen.
Dazu ne Weste farblich gleich
aus beigem Stoff und gerne weich.

Beige Hosen, beige Westen,
mit vielen Taschen noch am Besten.
Erkennt man ihn alsbald sofort:
Den deutschen Mann am Urlaubsort.
Mit beigem Beutel noch dazu
wirkt er fast wie ein Känguru.

Und weil dies noch nicht reicht an Qualen,
noch weiße Socken in Sandalen.
Es kennt kein Stil und kein Tabu -
das deutsche Mode-Känguru.

JAHRESZEITEN

FRÜHJAHR

Im Frühjahr wenn der Schnee zerschmilzt,
tritt dann alsbald zu Tag,
wo all den ganzen Winter lang
versteckt die Kacke lag.

SOMMER

Im Sommer läuft dem Rinnsal gleich
durch angelehntes Sitzen,
der Schweiß den Rücken dir hinab
in dunkle, tiefe Ritzen.

Im Angesicht des eignen Schweiße
entsteht im Schoß sogleich,
auf dieser Art und Weise,
ein kleiner Gartenteich.

HERBST

Der Herbst wirft seine Blätter ab
sie sind verblüht und braun.
Gar manche Männer tuns ihm gleich
mit ihren welken Frauen.

WINTER

Der Winter greift am frostig See
mit seinen kalten Winden
nach Weibern, die zu schwätzig sind
und hier gar oft verschwinden.

So fanden viele Frauen gleich,
entsorgt von ihrem Manne,
ihr Ende kalt, die Haut ganz bleich
zwischen See und Tanne.

SCHICKSALE

HERR SCHMIDT – (Reden ist Silber, Schweigen ist Gold)

Herr Peter Schmidt ward stets ein guter Mann,
der tat was er gesagt bekam.
So in der Bank: Tag aus Tag ein,
nach Dienstschluss oft auch ganz allein,
schuftete er ohne Klagen,
tat alles wortlos, stumm ertragen.

Trotz keines Fehltags, Akribie,
befördert wurde Schmidtchen nie.
Stattdessen sprach sein Chef,
Herr Schwein:

»Herr Schmidt, komm se mal kurz herein.
Aufgrund von Analysen und Tabellen
konnten wir ganz klar feststellen,
dass ihre Arbeitskraft mit nächster Frist
für uns nicht mehr von Nöten ist.
Wir bräuchten noch ihr'n Schlüssel für die Bank - Auf Wiedersehen und vielen Dank.«

So kommt's nun, dass Herr Schmidt still grollt.
Denn Reden ist Silber, Schweigen ist Gold.

Kaum zu Haus erklingt sie schon
die Stimme mit dem scharfen Ton:
»Ach, Schatz, bringst du den Müll noch raus?
Und kehr doch schnell noch vor dem Haus.
Die Hecke ist auch ungestutzt,
der Teich, das Auto stark verschmutzt.

Die Waschmaschine ist defekt,
der Abzug vom Kamin verdreckt.
Ist das jetzt schon zu viel verlangt?
Ist das dein Ernst und auch dein Dank?

Der Nachbarsmann hilft stets im Haus
und sieht dazu noch schlanker aus.«

Herr Schmidt nickt leise ballt die Faust
und nimmt den Müll stumm mit hinaus.

So kommt's nun, dass Herr Schmidt still grollt.
Denn Reden ist Silber, Schweigen ist Gold.

Vor dem Haus da wartet schon,
der Nachbar mit dem Nachbarssohn.

»Herr Schmidt, wie gut, dass ich sie seh,
bevor ich in den Urlaub geh:
Ich bin's nun leid das ganze Warten,
Ihr Baum, ragt immer noch in meinen Garten.

Nehm sie ne Axt, ein Beil, ne Säge,
bringen sie das endlich auf den Wege.
Wenn ich zurück bin ist der fort,
sonst gibt's ne Klage oder Mord.«

Herr Schmidt nickt leise, ballt die Faust
und geht zurück ins eigne Haus.

So kommt's nun, dass Herr Schmidt still
grollt.
Denn Reden ist Silber, Schweigen ist Gold.

Nur in der Kneipe „La Petite Fillou"
kommt Schmidtchen mal zu seiner Ruh.
Und hinten im Halbdunkel Eck
sitzt Marion so ganz versteckt.
Seit Jahren sitzt sie dort ganz stumm
mit Peter Schmidt ums Bier herum.
Kein Wort des Zorns beim täglich Bier -
er nickt ihr zu und schweigt mit ihr.

Das ist's was Schmidtchen stet's gewollt
Denn Reden ist Silber, Schweigen ist Gold.

Als alles schläft in stiller Nacht
sich Schmidt auf seine Reise macht.
Packt seinen Koffer schleicht in Ruh,
auf Socken nur, ganz ohne Schuh,
durchs Treppenhaus, bis vor die Tür
und schämt sich beinah schon dafür.

Dann stoppt er an dem Gartentor
und zieht den Lottoschein hervor:

Sechs Richtige plus Superzahl,
na, das war mal ne gute Wahl.
Am Samstag war's im Lotto-Shop,
da knackte er den Mega-Pott.

Herr Schmidt nickt stumm und geht hinaus,
legt noch die Axt vors Nachbarhaus.
Schiebt dann die Bio-Tonne mit Bravour
zur Straße für die Müllabfuhr.
Und auch den Schlüssel für Herrn Schwein
wirft er noch schnell im Postkorb ein.

Dann geht er fort, am Haus vorbei,
zum Flughafen, mit Ziel Hawaii.
Sein Wagen hält noch kurz am Eck
zu einem ganz besond'ren Zweck.

Denn vor dem „La Petite Fillou"
steigt kurz darauf noch jemand zu.
Doch Marion nicht ganz versteht

sich ungewiss Herrn Schmidt zudreht.

»Warum mit mir? Und wo geht's hin?
Ob ich dafür die richt'ge bin?
Mit so viel Geld, sie laut verkündet,
sich doch bestimmt was Bess'res findet.«

Ein Lächeln nur, der Wagen rollt,
denn Reden ist Silber, Schweigen ist Gold.

Die Post brachte erst Jahre später
'ne Karte aus Hawaii von Peter.
Kein Anruf, nicht ein einz'ges Wort
sandte er vom Inselort.

Stattdessen nur sich stumm befand
ein einz'ger Satz am Kartenrand.
Es stand dort, so hat's Schmidt gewollt:
Reden ist Silber, Schweigen ist Gold!

HILDEGARD

Hildegard, ach Hildegard,
dein Lächeln ist mal mild mal zart.
Bist ein Filet vom Wild nicht hart,
nicht Glut gegrillt, nein mild gegart.
Hildegard, ach Hildegard.

Kein Stillstand, du bist Avantgarde.
Mein Blut gerät bei dir in Fahrt.
Hab dich vom Mund mir abgespart.
Mich glatt rasiert, getrennt vom Bart.
Hab mit den Hufen schon gescharrt.
Bin ganz und gar in dich vernarrt.
Hildegard, ach Hildegard.

Du bist mein Ziel und warst mein Start.
Hab ewiglich dort ausgeharrt.
Und mich für dich stets aufgespart.
Hab mich noch nie mit dir gepaart.
Bin ich am End' dir zu behaart?
Hildegard, ach Hildegard.

Hab mich dir schließlich offenbart.

Da hast du mich nur angestarrt.
Hast nicht an Hohn und Spott gespart.
Welch unschön, dumme Eigenart.
Hildegard, ach Hildegard.

Als ich bei dir des Nachtens ward,
und dich im Schlafe angestarrt,
hat eine Diele laut geknarrt.
Du bist sogleich vor Schreck erstarrt.
Hildegard, ach Hildegard.

Dass ich mit dir nur sein mag
war nicht nur eine Redensart.
Doch trag ich dich am End vom Tag
auf Händen nun zu deinem Sarg.
Hildegard, ach Hildegard.

Hildegard, ach Hildegard,
nun liegst du hinterm Haus verwahrt,
für ewig dort beim Baum verscharrt.
Auf ewig WIR, dein Eduard.

VERKETTUNG UNGLÜCKLICHER UMSTÄNDE

Es liegt kokett in meinem Bett,
in Ketten die Elisabeth.
Und ich könnt wetten, sie fänds nett,
wenn ich dazu die Schlüssel hätt.

Fetischspiel - alle Facetten.
Nun liegt sie da in ihren Ketten.

Je länger sie so vor mir liegt
und ihre Fesseln nicht abkriegt,
erkenne ich trotz ihrem Leiden,
doch auch daran die guten Seiten.

Denn irgendwie aus einem Grund,
so mit dem Knebel in dem Mund
und um die Hände mit dem Kabel,
hält sie so endlich mal den Schnabel.

Ich schalt das Licht aus als ich geh –
das hat sie nun von Shades of Grey.

WIKIPETER

Der Peter ist, ein schlauer Mann,
das weiß im Land ein jeder.
Er zeigt gern allen was er kann,
im Netz auf Wikipeter.

KLERUS

Der Bischof sprach laut vor Gericht:
»Gott steht mir bei, so war das nicht!
Johannes 8 und Lukas 10,
konnten auch für 12 durchgehen.«

HODENLOSE FRECHHEIT

Ein Mann, gerade frisch entmannt,
kam an den Hof des Schahs gerannt.
Und schimpfte voll Gefluche:
»Ich bin nun ein Eunuche.«

Der Schah sah den Eunuchen an
wie der sich das erdreisten kann.
Und sprach ob dieser Keckheit:
»Welch hodenlose Frechheit!«

Und trennt dem armen Tropf,
auch noch den Hals vom Kopf.
So bringt er sich, man mags kaum sagen,
auch noch um Kopf und Kragen.

Moral:
Merkts euch Männer, jede Wette,
das letzte Glied der Kette,
ist nicht wie viele meinen,
das Glied zwischen den Beinen.

MATT DER IGEL

So süß und rund schaut er ganz nett
der Igel Matt aus Zwiebelmett.
Einst Deutschlands liebstes Tier im Haus
stirbt Matt der Igel langsam aus.

Nach all den Jahren am Buffet
droht ihm das Ende mehr denn je.
Mit dunklen Augen aus Oliven
und Stacheln die nach Zwiebeln miefen,
dazu ein Körper der komplett
aus Hack besteht und purem Mett,
ist man in Zeiten von vegan
von Matt nicht mehr so angetan.

Ihm droht wie schon dem kalten Hund
das Aussterben in Land und Bund.
Zumal Matt sehr empfindlich ist,
sich schnell verkühlt und wenig frisst.
Doch wundert es, liegt er doch stumm
zumeist auf kalten Platten rum.

So ignoriert zog Stück für Stück
der Igel Matt sich still zurück.
Von Nord bis Süd komplett verschwand,
der Igel Matt im ganzen Land.

Auf Partys, ein-, zwei Mal im Jahr,
sieht man mit Glück ein Exemplar.

Dort sieht man Matt in dunklen Ecken
mit Salzstangen im Rücken stecken.
Doch kaum einer der jungen Kids
nimmt von dem Igel noch Notiz.

Er liegt dort zwischen Bier und Bowle
nebst Nacho-Chips und Guacamole.
Drum hilf auch du ihm, sei so nett
iss Igel mehr aus Zwiebelmett.

DER GEIST IST WILLIG, DOCH DAS FLEISCH IST ZART

Auch ich wollt endlich glücklich sein
beim täglichen Verzehren.
Kein Mörder sein von Huhn und Stier
mich fortan gut Ernähren.

Doch biss ich mir die Zähne aus,
an Soja und an Körnern
und fand dadurch sehr schnell heraus,
mein Bauch braucht was mit Hörnern.

Es fehlte mir wohl auch an Mut,
Erkenntnis ist oft hart,
mein Geist war willig, das war gut,
- das Fleisch jedoch zu zart.

LIEBE & EHE

SELBSTLIEBE

Es liebe besser Frau und Mann,
der selbst zunächst sich lieben kann.
Erst dann macht es vermehrten Sinn,
dass man sich feste binden will.

EHE

Das Schönste bei der Trauung
ist oftmals nicht das Kleid,
Schon gar nicht ist's die Liebe
- dafür ist keine Zeit.

So bleibt das Größte, Beste,
man höre diese Worte,
nunmal auch für die Gäste,
die große Hochzeitstorte.

AUSGELATSCHT

Manch einer sagt, die Liebe sei
ein Lied, dass man gern singt.
Ein andrer sagt, lieb besser nicht,
weil es nur Schmerzen bringt.

Ein Dritter sagt, es sei ein Licht,
das endlos für dich scheint.
Die Liebe sei wie ein Gedicht,
bei dem sich alles reimt.

Die Liebe ist doch einfach nur
was sie schon immer war:
Unerklärlich, manchmal stur,
verrückt und sonderbar.

Die Liebe ist ein alter Schuh,
ganz nett so an für sich.
Meist passt er gut, doch ab und zu
drückt er auch fürchterlich.

Doch noch so ausgelatscht und alt
trägt beides dich durchs Leben.
Hält dich am Boden, gibt dir Halt
und lässt dich manchmal schweben.

Die Liebe ist ein alter Schuh,
man muss ihn dann und wann
nur pflegen ganz in Ruh,
sonst fängt's zu stinken an.

EHE MAN

Noch ehe man die Ehe
als Ehemann eingeht,
ist man oft eher pleite
noch eh man sich versieht.

DIE HOCHZEITSNACHT

Nicht selten hat die Braut
selbst in der Hochzeitsnacht,
die Stunden bis zur Trauung
beim Trauzeugen verbracht.

STEUERVORTEIL

Das Größte bei der Trauung
ist oftmals nicht der Kuss.
Es ist auch nicht die Liebe,
die hinten anstehn muss.

Das Schönste ist die Steuer,
die man nun sparen kann.
So rechnet sich gar manchmal
ein dummer Ehemann.

HAFEN DER EHE

Nicht selten merkt der Gatte,
wenn er sein Ja-Wort gibt,
dass in dem Ehehafen
wohl nur ein Kriegsschiff liegt.

DER SCHÖNSTE TAG DES LEBENS

Der Schönste Tag des Lebens
ist selten vorm Altar.
Oft wartet man Vergebens
auf diesen Jahr um Jahr.

WEIHNACHTEN

WUNSCHZETTEL

Zum Feste schreiben Kinder
gern ihre Wünsche auf,
auch wenn sie nicht brav waren
den ganzen Jahreslauf.

Ein Handy und ein Laptop,
ein I-Pad noch fürs Bett,
wenn dies die Englein brächten,
das wäre wirklich nett

Doch später dann im Himmel
erkennt die Engelschar,
dass trotz der frommen Wünsche
kein Kindlein fromm je war.

Wunschzettel voller Sachen,
voll Mammon und Konsum.
Es sei wohl an der Zeit nun
was andres mal zu tun.

So saß sie in den Wolken
die ganze Engelschar,
beschloss, dass es mit Schenken
nichts wird in diesem Jahr.

Dann holten all die Engel
die Locher schnell hervor
und lochten all die Zettel,
frohlockend sang der Chor.

Und unten auf der Erde
da freut man sich - es schneit.
Der Winter kommt vom Himmel
macht euch zum Fest bereit.

Man rüttelt am Geschenke
doch das ist dieses Jahr,
so seltsam leicht und gar nicht
wie es sonst immer war.

Noch blicken sie gen Himmel,
man kreuzt die Händ' voll Segen.
Doch tanzt man nicht im Schnee
nur im Konfettiregen.

Drum merke frommer Christ
man soll nicht zu früh loben,
dass stets, wie man doch glaubt,
nur Gutes käm von oben.

DER SCHOKOWEIHNACHTSMANN »ROLLI-ROLF«

Zur Weihnachtszeit, es war im Winter,
beschenkt bereits die Schar der Kinder,
stand im Regal allein, ganz hinten,
zwischen all den Lebkuch-Printen,
»Rolli Rolf« der Schokomann
mit ganzen Nüssen unten dran.

Ein Traum in Schoko und Kakao
als Weihnachtsmann in rot und blau.
Ja, Rolli war im Ess-Regal
stets immer nur die erste Wahl.
Doch nach den Feiertagen nun
war nicht mehr viel für ihn zu tun.
Trotz seines reduzierten Preis'
war niemand mehr auf Rolli heiß.

Er wusste, wo das enden würde,
doch das wär unter seiner Würde.

Geschmolzen und in neuer Form,
mit Überbiss und langen Ohren,
säß' er alsbald, wie all der Rest,
als Schokohas' im Osternest.

Doch eine Sache wog noch schlimmer
und steigerte den ganzen Kummer.
Er fühlte sich so unsäglich,
denn Rolli-Rolf war jungfräulich.

Die heut'ge Nacht! Es musst gescheh'n,
wollt er als Jungfrau nicht vergeh'n.
Es war die letzte Chance für Rolli
und seinen kleinen Schokololli.

So zog die Liebe ihn fatal
hinaus aus dem Kakaoregal.
Eins tiefer wollt hinab er steigen
und sich den Schokoengeln zeigen.

Die stellten dort ganz wunderbar
zartbitter Liebesengel dar.

Nur standen sie - man konnt's nicht ändern,
eins tiefer bei Adventskalendern.
Desweiteren, es gab ne Mär
wonach *eine* besonders wär:

Den zartesten Kakaogehalt
hätt' demnach Kim aus Bitterwald.
Mit güldnem Haar und ohne Mängel
sei sie der schönste Schokoengel.

So ganz verträumt in Ihre Küsse
stieß er beim Abstieg sich die Nüsse.
Obwohl nur ein Regal versetzt
war nun sein Schokosack verletzt.
Die Erkenntnis traf ihn ganz brutal:
Er war jetzt nur noch zweite Wahl.

Doch Kim der Schokoengel dann
trat lieblich vor den Schokomann.
Und sprach: »Auch mit nem halben Sack
hast du 'nen tollen Nussgeschmack.«

Da wars um Rolli-Rolf gescheh'n
er wollt nie wieder von ihr geh'n.
Und schälte sich sogleich vor ihr
aus seinem Alu-Glanzpapier.

Wer glaubt, dass dies das Ende wär,
der kennt noch nicht den Rest der Mär.
Denn die Moral vom süßen Reigen
sollen diese Worte zeigen:

Zu guter Letzt er zu ihr sprach,
bevor ihr Herz zartbitter brach:
»Du ahnst ja nicht, wie heiß ich bin...«
- dann fiel er um und schmolz dahin.

DIE ERLEUCHTUNG

Ein Licht in dunkler Nacht sich bricht,
ein Kerzlein bloß, mehr ist es nicht.
Die Witwe froh über den Schein
fühlt sich dadurch nicht ganz allein.
Ihr Weihnachtslicht im Fenster lacht
zum Gruß in dieser Winternacht.

Und unten auf der Straße geht,
vorbei dort wo der Schneemann steht,
Frau Wolter aus dem 1. Stock
im wollig-dicken Winterrock.

Sie schaut herauf und sieht das Licht
und denkt bei sich, das gibt's doch nicht.

Die Alte will wie letztes Jahr
mich provozieren, ist doch klar.
Sie will, dass alle die hier unten gehen
hinauf zu ihrem Lichtlein sehen.

Na warte, dir werd' ich es diesmal zeigen,
vorbei ist's mit dem Weihnachtsreigen.

»In diesem Jahr hab' ich ruck-zuck
den schönsten Weihnachts-Lichter-Schmuck.«

Und stellt sogleich mit viel Elan
den leuchtend Engel, Stern und Schwan
ins eigne Fenster ihrer Küche
gefolgt von einer Reihe Flüche.

Das hört Herr Bartels Gegenüber
und schaut aus seinem Fenster rüber.
Er sieht den Licht-Schmuck hell im Glanz
und denkt sich, diese blöde Gans.
Nicht dieses Jahr und nicht mit mir
in diesem Jahr da zeig ich's dir!

»Denn dieses Jahr hab ich ruck-zuck
den schönsten Weihnachts-Lichter-Schmuck.«

Er holt vom Speicher den Karton
mit Kerzenset und Lampion.
Vier Meter groß mit 1000 Watt,
ein Morgenstern der Starkstrom hat.

Vom gleißend Licht geblendet schreit
ein Greis wie zu 'nem Kampf bereit!
Herr Fuchs, der Veteran vom Kriege,
springt auf von seiner Rheuma-Liege
und eilt hinab in seinen Keller:
»Jetzt mach ich's euch mal richtig heller«,
und knallt ins nächtlich Schwarz gekonnt
den Flackscheinwerfer "Heimatfront".

»Denn dieses Jahr hab ich ruck-zuck
den schönsten Weihnachts-Lichter-
Schmuck.«

Der grelle Schein hoch über'm Haus
lockt gleich die nächsten Nachbarn raus.
Familie Brönner ist's und holt kokett
Leuchtfackeln aus dem Notfall-Set.

Es leuchtet zwischen Strauch und Fichte
in rot, und grün in grellem Lichte.

»Ja, dieses Jahr haben wir ruck-zuck
den schönsten Weihnachts-Lichter-
Schmuck.«

Doch plötzlich laut, der Boden bebt
als etwas hoch vom Himmel schwebt.
In Brönners Garten land´ und startet
ein Airbus gänzlich unerwartet.

Taghell die Straß´, der Baum, der Park
- es wirkt fast wie ein Frühlingstag.
Die Fauna wirr, auf grünen Wiesen
die ersten Veilchen wieder sprießen.
Und selbst die Amsel baut gestresst
zum Brüten schnell ihr Vogelnest.

Die Witwe nach 'ner kurzen Nacht
in ihrem Bett gerad' erwacht.

Sie denkt die Morgensonne bricht
doch liegt dies nur am vielen Licht,
dass sich in ihrem Zimmer zeigt
und sich auf ihrem Bette neigt.

Sie tritt zum Fenster, schaut hinaus
...und bläst verstört die Kerze aus.

Und die Moral von diesem Reim:
Lass Kleines manchmal Kleines sein.
Denn irgendwo auf dieser Welt
- kannst wetten
gibt's stets noch einen größ'ren Deppen.

Drum denk dran was der Weise spricht:
»Du bist und bleibst ein kleines Licht.«

HEIßA, ES IST WEIHNACHTSZEIT

Früh morgens schon bei dem Erwachen
Zimtgeruch und Kinderlachen.
Die feierliche Stimmung steigt,
heißa, heut ist Weihnachtszeit.

Später dann am heilig Tage
stellt Papa Mama dann die Frage:
»Machst du die Gans auch ja gescheit?
Denn Oma kommt, du weißt Bescheid.«

Die Kinder Susi und auch Finn
setzen sich ganz brav dann hin,
sind für die Geschenk' bereit,
heißa, es ist Weihnachtszeit.

Schon kommen auch die ersten Gäste
Opa, Oma und ihr Hund Sylvestre.
Aus dem Altenheim Herr Veith,
das macht man so, zur Weihnachtszeit.

Susi kämmt den Zopf zum Schwanz,
Finn nascht schon mal von der Gans.
Allerorts Besinnlichkeit
So 'ne schöne Weihnachtszeit.

Mamas Essen dauert noch ein wenig,
denn die Sauce wird nicht sämig.
Gerade heut vermaledeit,
gerade heut zur Weihnachtszeit.

Opa rutscht ganz ungeduldig,
Oma schaut zu Papa schuldig:
»Nicht mal kochen kann's gescheit
deine Frau zur Weihnachtszeit.«

Die Oma grämt voller Verdruss:
»Dass ich das erleben muss...
- warum hast du die Frau gefreit,
damals einst zur Weihnachtszeit?«

Und Opas Schnaps samt roter Nase
drückt ihm so mächtig auf die Blase,
dass er zum Katheter greift,
heißa, diese Weihnachtszeit.

Herr Veith derweil stört sich am Wetter,
dass es kalt doch sei viel netter.
»Früher hat es stets geschneit,
heißa, dann war Weihnachtszeit.«

Mama weint in ihre Töpfe,
Susi schneidet sich die Zöpfe,
Finn verspürt nun Übelkeit,
kotzt ins Bett zur Weihnachtszeit.

Opas Hose hat schon Flecken,
Herrn Veith schmerzt Rücken, Hüftbein, Becken
und selbst Sylvestre ist's nun leid,
markiert den Baum zur Weihnachtszeit.

Spät am Abend alle fort
schwankt Papa zwischen Flucht und Mord.

Doch das wär ängstlich und auch feig,
das macht man nicht zur Weihnachtszeit.

Stattdessen er die Decke lupft
zu Mama er darunter schlupft.
Vielleicht ist sie ja grad bereit
für ein wenig Zweisamkeit.

Zuerst erbost über ihr'n Mann,
dass er das nun fragen kann.
Nach all dem Streit, nach Susis Zopf,
steht ihr danach nicht der Kopf.
Gerade heut nach all dem Leid,
gerade heut zur Weihnachtszeit.

Sie grübelt noch, wie sie ihr'm Mann,
dass hier und jetzt erklären kann.
Doch der hat bereits vorbereitet
und wartet auf sie unbekleidet.

»Nach all dem Zänken und den Macken
will ich nun mein Geschenk auspacken.
Ich warte schon, ich bin bereit,
verdammt, es ist doch Weihnachtszeit.«

Der spinnt...
der merkt nicht nach dem Zwist,
dass mir *danach* gar nicht ist.

Doch kaum, dass sie sich zu ihm neigt
und ihm die nackte Schulter zeigt,
werden kurz darauf sogleich
ihre Züge samt und weich.

Dann dreht sie lächelnd sich zur Seit':
»Vielleicht im nächsten Jahr
– zur Weihnachtszeit.«

RUDOLPHS ROTE NASE

Meine Nase glüht schon immer
leuchtend rot wie jeder weiß.
Doch es glüht gar noch viel schlimmer
leuchtend rot um Donners Steiß.

Er steht hinten, ganz als letzter
in dem Rudel Schritt für Schritt
und der alte Grapscher Santa
nutzt das aus bei jedem Ritt.

In besonders kalten Wintern
lacht der Santa laut „Ho-Ho..."
und schon klatscht auf Donners Hintern
laut ein Klaps auf seinem Po.

Auf die Frage nach *MeToo*
war der Alte ganz verstört,
davon hätte er in all den Jahren
ja noch nie etwas gehört.

Dasher, Dancer, Prancer, Vixen
wenn er diesen Namen hört,
wunder er sich schon seit Jahren,
dass sich daran niemand stört.

Leider hat der olle Santa
damit leider wirklich recht,
ich fand diese Pornonamen
auch schon immer furchtbar schlecht.

Was ein Zufall, was ein Glück,
dass ich Rudolph heiß seit jeh
und dass ich nicht tief gebückt
hinten neben Donner steh.

SANTA UND DIE ENERGIEWENDE

Vom Nordpol bis nach Bielefeld,
von Duisburg bis nach Witten,
fliegt Santa hoch am Himmelszelt
mit seinem Rentierschlitten.

Nichts ist mehr so wies früher war,
der Job ist hart und schwer.
Es herrscht viel Druck und auch Gefahr
im Luftfrachtnachtverkehr.

Doch droht nicht nur die Dunkelheit
bei Schnee gar bitterkalt,
es steht auch noch bei Lüdenscheid
ein Windkraftrad im Wald.

So kam's des nachts, ihr ahnt es schon,
mit einem lauten Knall
auf seinem Weg nach Iserlohn
zu einem Zwischenfall.

Verheddert hatte Santa sich
mit einem seiner Zügel.
Sein Flug abrupt stoppt unglücklich
an einem Windradflügel.

In einem Wald bei Lüdenscheid
im winterlichen Schnee,
dreht Santa sich seither im Kreis
und wirbt für RWE.

Moral:

„Erneuerbare Energien"
ist nicht nur Santa leid,
man kann sich ihnen nicht entziehen
- nicht mal in Lüdenscheid.

WEIHNACHTSZEIT

Die Gans ist aufgegessen,
die letzte Kerze glimmt,
das Singen wurd vergessen,
die Gattin ist verstimmt.

Das wars mit Heiligabend,
das wars mit Weihnachtszeit,
das wars in diesem Jahre
mit der Besinnlichkeit.

Man schweigt noch bis Silvester,
bis Februar kein Ton,
dann reißt man sich zusammen,
denn Ostern wartet schon.

ZU GUTER LETZT

STÖPSEL

Wenn man im Meer den Stöpsel fände,
dann daran zög am Stöpselende.
Das Wasser sich sogleich am Grunde
entleeren würde sich im Schlunde.
Das wär' ein Toben und eine Muckern
- und ganz am Ende würd' es gluckern.

gluck, gluck...

www.derboltz.de